거미의 시간

김정수 시조집

목언예원

이 도서의 국립중앙도서관 출판예정도서목록(CIP)은 서지정보유통지원시스템 홈페이지(http://seoji.nl.go.kr)와 국가자료공동목록시스템(http://www.nl.go.kr/kolisnet)에서 이용하실 수 있습니다.(CIP제어번호: CIP2017025845)

거미의 시간

지은이 · 김정수
펴낸이 · 민병도
펴낸곳 · 목언예원

초판 인쇄 : 2017년 10월 25일
초판 발행 : 2017년 10월 30일

목언예원
출판등록 : 2003년 2월 28일 제8호
경북 청도군 금천면 선바위길 53 (신지2리 390-2)
전화 : 054-371-3544 (팩스겸용)
E-mail : mbdo@daum.net

ISBN 978-89-94733-63-0 03810

2017 문화예술육성지원사업 지원을 받았습니다.

울산광역시 울산문화재단

가격 : 10,000원

거미의 시간

김정수 시조집

목언예원

■ 시인의 말

시어가 문득 꿈틀대면 바다를 향해
물음표를 거꾸로 던진다.

파도가 소리로 쓸어가기 전 재빠르게,
이 지구 어느 심해에도
없는 맑고 푸른 언어를 낚으려고!

2017년 가을
김정수

CONTENTS

거미의 시간

— 김정수 시조집

01 그리운 굴뚝새

홍매

피릿재 아랫마을
아직 봄은 이른데

첫 달걸이 했나봐
개짐 씻는 가시나

덜 야문 꽃샘바람이
붉은 소문 부추기네

햇차

햇살이 은혜처럼 스며드는 푸른 창가

석간수에 몸을 푸는 참새떼, 혀가 붉다

겨울을 이긴 묘법이 따로 있었나 보다

거미의 시간

허공에 걸어놓은 노스님의 은사 그물,

바람 한 올 걸리지 않은 석양을 배경으로

기러기 푸른 울음만 시나브로 걸린다

도라지 꽃

결 고운 아침 햇살에
갓 세수한 아이처럼

밤이슬 톡톡 털고
달려 나온 그 골목길

대문니 쏙 내보이는
수줍음이 하얗다

뜰에서

햇살이 비스듬한
하오의 유리창에
마실 나온 왕매미
속이 훤한 날개옷
할머니 마름질하던
그 모시 베, 그립다

그리운 굴뚝새

이른 아침 뜰 쪽에서
보리피리 들려오네

비파 꽃에 잠시 앉아
까만 눈 맞추다 가네

아쉬운 추억의 목소리
말해줄 걸 못 전했네

옥수수

이따금 화물차만 쉬다가는 효자역에

할머니 등에 업혀 마중 나온 어린 손자

옥수수 베어 물고서 그새 잠이 들었다

오리

묘기나 하는 듯이
자맥질로 낚은 피리

파닥이는 잠깐 동안
하늘 한 번 쳐다보다

흐르는 붉은 노을에
삼킬 줄을 모른다

공룡 발자국

백악기 살다가 간 어느 공룡 발자국

바람이 쉬어가고 구름도 머물었던

흥건히 고인 빗물에 아침 해가 비친다

호반

청평호 새벽안개
두루마리 펼치고

반짝인 햇살아래
출력해둔 문장들

호반새 물가에 앉아
비색으로 필사한다

뚝배기

허연 김 풀어지는 이른 새벽 시장골목

장사꾼 시린 속을 가마솥에 끓여내면

걸쭉한 막걸리 사발 사투리로 넘친다

02 파도

별 밤

시골집 밤하늘을 보고서야 알았다

손에 꼭 잡힐 만큼 초롱초롱 빛 무리들

도시 속 눈병을 피해 몽땅 이사 왔다는 걸

굽은 나무

금이 간 바위틈새 가부좌로 앉은 노인

험한 풍파 이기느라 굽다 못해 틀어진 허리

저녁밥 짓는 시간에 노을 한 입 베어 문다

설 씨 노인, 요양원가다

팔십 생 지켜온 집
휠체어에 실어두고

팔려가는 소처럼
이끌려 나서는 길

마당 가 시든 꽃상추,
물 잘 주라 당부한다

파도

이참에 고백하리
잰걸음 달려와선

입도 떼지 못하고서
슬며시 돌아가네

지난날 그 부질없던
거품 같은 인연같은

열무김치

어머니 손맛으로 담가본 열무김치

서걱서걱 입안 가득 고향 하늘 다가서고

한여름 찌는 더위도 내내 잊고 살겠네

난전에서

군위 장날 모퉁이에 보자기 푸는 노인

다황이시더, 비싸구마 살라니껴, 흥정할 때

두 어른 말하는 사이 내가 먼저 값 치른다

*다황 : 성냥의 경상도 방언

그믐달

밤마다 가슴 깊이
무채를 썰어가며

적막이 가득 넘친
마당가를 서성대다

찬 이슬 흠뻑 젖어서
새벽길 떠나는 이

회나무 쪽샘

물에도 맛이 드나 소박한 꽃이 피면

혀끝을 자극하는 어머니 그 젖 내음,

한 쪽박 달콤한 약수 눈을 감고 마신다

비오리

오선지 그린 강폭 온음표 앉혀놓고

실안개 걷힌 수면 푸른 건반 두들기면

물길이 몰래 감추어둔 봄을 물고 나온다

금목서

운두령 재 너머에 혼자 사는 여인은

불어온 바닷바람 치맛자락 거머쥐고

쪽물 든 가슴 한가득 만 리 향을 날린다

구절초

산 중턱 노천카페 개방된 화실에는

구절초 진한 향이 마음을 붙들고 가

미완의 풍경화 몇 점 슬그머니 건네준다

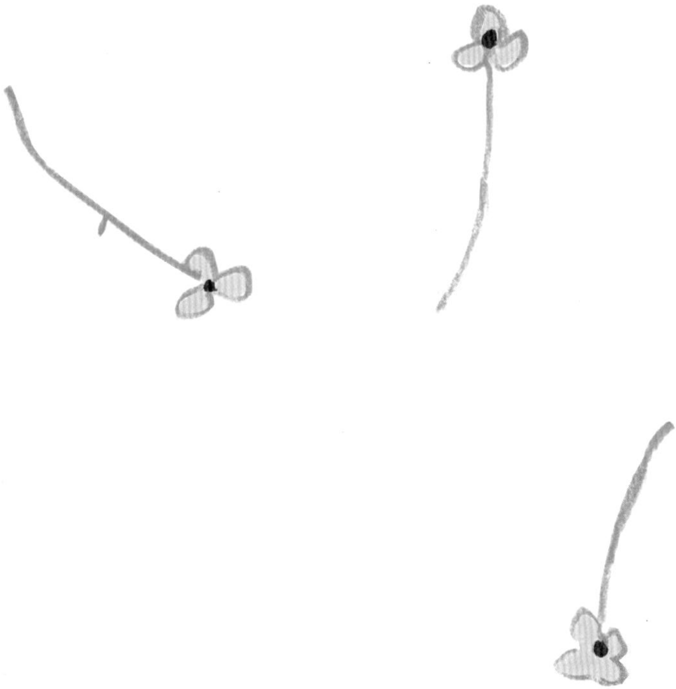

03 봄

가을 계곡

한 여름 찌는 더위 씻어 내린 용추폭포

살그머니 멱 감고 여유 부린 수노루

머루알 닮은 눈동자 목화구름 흘러가네

생선 가게 앞에서

제주서 막 데려온 물 좋은 은빛 갈치

세상이 궁금한지 눈알 렌즈 돌려댄다

첫눈이 마수걸이로 불빛 아래 인화되고

성냥불을 켜다

지나온 날 돌아보면 너는 본래 나무였다

백양 숲 떠나와서 깎이고 쪼개지어

눈부신 소신공양을 온몸으로 품어온

품바

선소리 받는 소리
타령조 네 맘대로

능숙한 가위질로
시선 끄는 만담 속에

길 없는 길을 앞세워
한 계절을 넘고 있다

매미

한 천년 살 것처럼 소리 집을 짓더니

미루나무 가지 끝에 소리 옷을 벗어두고

캄캄한 땅속을 열고 축복처럼 떠났네

나무와 노을

속옷마저 곱게 벗고 맑게 씻은 가지 사이

구름도 찬바람도 무심히 지나는데

노을은 두 팔을 벌려 시린 등을 안아준다

장기읍성

돌 깨던 젊은 석공 어디쯤 잠들었을

햇살 부신 풍경 위로 무너진 돌 포개놓고

진혼제 끝이 났는가 깃발들이 펄럭인다

보리밥집

고봉으로 담아낸 투박스런 식당 아낙

한여름 썩어 비벼 입담도 한 양푼이

구성진 아버지 육자배기가 목에 울컥 걸린다

며느리 밑씻개

그 무슨 할 말 많아 가시 손 뻗어가며

아무나 옷자락 잡는 한 무더기 풀꽃 속에

어머님 비탈진 밭가 붉은 울음 들린다

*며느리 밑씻개 : 풀꽃 이름

봄밤 무심 죄

벚꽃이 흩날리자 주위가 왁자지껄

안내견과 한 청년이 총총히 자리 뜬다

아뿔싸 그걸 몰랐네 마음에도 눈 있음을

어리연꽃

누가 저 연못 위에 초록 방석 깔아뒀나

바람이 타이르는 노랑나비 몇 마리

가야 할 먼 길 걱정에 고개 갸웃, 들었네

04 대왕암 해국

새만금 삽화

신 모세 기적이라며 천정부지 치솟은 땅

문이 닳던 갑부부동산, 폐업 문구 웬일인가

내던진 그물 되잡고 꼬박꼬박 조는 아제

대왕암 해국

바람이 들고나는 지붕 없는 궐문 밖

돌 틈새 난간 잡고 해풍에 쓰러져가며

타는 목 이슬로 축여 소금 꽃을 피웠네

아가 웃음

새하얀 예쁜 젖니 낮달로 돋는 하늘

얼레 줄 감아 보면 푸루루 새가 되고

햇살이 깔깔대다가 그만 놓쳐버렸다

찻집에서

달변의 개구리들 무논에 죄다 모여

남편 흉 시누이 흉 은근설적 자식 자랑

밤비에 가로등불도 내 귀 대신 젖고 있다

차자꽃

비 온 뒤 하늘 높아
한결 바람 맑은 밤

별 무리 내려앉은
꽃잎 환한 마당가

깨끼옷 곱게 차려입고
어머님 금방 오듯

묵정밭 풍경

찾아올 발길 없는 우거진 덤불 곁에
한사코 지켜 서서 등불 밝힌 돌감나무
흔들린 억새 꽃 숲에 내 유년이 보입니다

쪽파

톡 쏘는 매운맛에 눈물 찔끔 쏟다 말고

괜스레 보고 싶은 파뿌리 내 어머니

안으로 감싸던 그 맘 혀끝 다 얼얼하다

서산머리

청술레 꿈꾸었던 젊은 날 뒤로 하고

저문 날 유모차를 밀고 가는 할머니

산 넘다 머뭇거린 해, 안경 너머 바라본다

돌

부딪혀 쪼개지고
물살에 떠밀려와

이름 없는 어느 냇가
이름 없이 누웠다가

먼 하늘 어느 별에서
거문고 소리 듣네

염전에서

부평초 이끌리어 한평생 떠돌다가

불바람에 뒤척이다 마지막 찾은 안거

속을 다 비쳐 보이며 흰 사리로 남았다

가을

실바람 앞세우고
까치발로 오는 아침

담장 위 애기 호박
볕살 올라 살가운데

근심은 길을 돌아와
굳은살이 박인다

새벽 풍경

귀촌 막 2년째인 경매 시장 젊은 농부

과일값 바닥 치자 생수 벌컥 들이키다

빈 트럭 털털대지만, 아침 환히 밝아오네

05 아침 해

연꽃

어둠도 무거워서
칸칸마다 비워둔 채

진흙 길 걸어와도
티 하나 묻지 않아

바람에 향기 흔들며
그 누구를 기다리나

장항리 오층석탑

개울물 읽어주는 키 낮은 법구경에

칼바람 마구 긁힌 굽은 등뼈 곧추세워

저물어 그리운 이의 안부 살펴 묻는다

목련꽃

마음을 비우리라 철야 정진 삼 일째

불현듯 문을 열고 뜰에 나와 서성될 때

목련 꽃 화안한 미소, 발길 얼른 돌린다

아침 해

바다는 밤새도록
쇳물 부어 달구나 봐

멸치, 상어 죄다 모여
메로 쳐낸 방짜유기

여명 속 둥둥 북을 울려
번쩍 들어 올린다

봄, 꽃상여

봄 향사 제수 차려
문중 서원 가는 길에

진달래 배웅 받는
어르신 느린 걸음

질러갈 갓길도 없어
발만 동동 구른다

서대암 아침

노스님 바랑 메고 시다림 가는 길에

저수지 건너려고 나룻배 줄 당겨놓고

실고 온 오동 꽃 보다, 법당으로 발 돌린다

연밭

진흙을 곱게 빚어
청기와 이운 가람

바람은 쉴 새 없이
이슬 염주 굴려대면

처마 끝 눈뜬 물고기
허공으로 헤엄친다

풀밭에 앉아

달려온 외길 끝에 신발 잠시 벗어놓고

개망초 겅중대는 풀밭에 앉아보면

만 갈래 시름이 와서 어깨 가만 흔든다

아버지

욕조에서 난생처음 마른 산을 보았다

팔십 해 등짐 지고 끙끙대며 어찌 왔나

바위로 솟아난 능선 바람마저 비켜 가는

황금 참외

시장통 노전에서 참외 파는 김 씨 노인

구부러진 허리에도 덤 없는 손 정겹다

그 마치 황금을 얻은 양 가는 발길 가볍다

봄 까치꽃

키 작다고 밀려나서 돌아앉은 작은 꽃

가만히 다가가서 '외롭니?'하고 물으면

졸던 눈 파랗게 뜨고 글썽이며 웃는다

06 작품해설

물상에 비친 자아의 발견과 정관적 지평의 모색

/민병도

물상에 비친 자아의 발견과 정관적 지평의 모색

민 병 도 | 시인, 한국시조시인협회 이사장

1.

김정수 시인은 갑년을 맞으면서 문학이라는 이름으로 거듭나기에 성공한 경우이다. 그것도 일정한 율격, 정제된 감성과 언어의 품격 있는 조탁능력을 요하는 정형시, 시조라는 점에서 더욱 주목의 대상이었다. 그는 보란 듯이 2014년에는 「무지개를 수놓다」라는 작품으로 국제신문 신춘문예에 당선되었고 이듬해인 2015년에는 첫 시조집 『서어나무 와불』을 발간하였다. 마치 평생을 준비해온 것처럼 자신만의 타임머신을 작동해 나갔다. 가히 놀라운 열정이라 하겠다. 그런데 불과 2년 만에 이번에는 단시조만을 모아서 시조집을 묶었으니 시조에 대한 집념에 다시 한 번 놀라지 않을 수 없다. 이번 시집이 특히 주목되는 것은 바로 이 단시조에 천착하였다는 사실이다.

정병욱의 『시조문학사전』을 근거로 본다면 시조의

역사는 1,000년에 이른다. 그 오랜 기간에 많은 변모를 거듭하였고 특히 현대문학에 와서는 내용과 양태 등 전반적으로 일탈에 가까운 외양으로 바뀌었다. 현대시조만 놓고 보더라도 100년이 넘는 기간에 소위 창조적 계승이니 양식실험이니 하면서 다양한 모색을 거듭하였다. 물론 그 같은 유격이 생긴 것은 시조가 갖는 독특한 정형시 구조 때문이다. 소위 가변적 정형, 내용적 정형, 감성적 정형 등의 추상적 정의가 아니면 설명하기 어려운 독자적 구조 때문인 것이다. 하지만 이것은 시조가 지닌, 시조만의 독자성이다.

그럼에도 불구하고 1,000년이라는 긴 시간에 걸친 친숙함이 되레 지루함으로 비쳐져 양식 자체를 위협하는 갖가지 도전이 빈발하게 되었다. 글자 수가 아니라 3장 6구 12음보라는 관대한 정형성의 틀을 지녔음에도 그것마저도 파괴하는 사례들이 날이 갈수록 더욱 빈번하게 자행되고 있는 것이다. 이러한 와중에도 근자에 오면서 일각에서는 시조의 원형에 대한 복원노력이 조용히 확산되어 많은 관심을 불러일으키고 있다. 단시조에 대한 관심이 곧 그것이다. 고시조의 대다수를 차지하던 시조 원형격의 단시조, 그러나 자유시가 들어온 이후부터 상대적으로 길이가 늘어난 연시조에 밀려나는 운명에 처하였던 바로 그 양식이다.

물론 거기에는 가람 선생이 독려한 연시조 짓기 주장에도 영향을 받았겠지만 자유시와의 상대적 경쟁력 확보라는 자구책이었다는 설명에 무게가 실린다. 실제로 시조가 자유시처럼 제목을 붙이고 3장, 혹은 5장 형태를 보인 시기가 자유시의 도입과 맞물려 있고 가람 이병기 선생의 '시조는 혁신하자'던 1930년대의 시조 혁신론과 도 맞물려 있다. 당시의 정황으로 보면 지극히 타당한 주장이었고 그나마 시조의 명맥이 유지된 한 요인이었는지도 모른다. 하지만 그 이후의 상황은 많이 바뀌었다. 자유시와의 변별력이 없어진 것이다. 뿐만이 아니라 시조의 무용론까지 가세하기에 이르렀다.

이러한 시대상황을 자각하고 새로운 길을 개척한 이들의 노력도 병행되었다. 가람의 추천으로 문단에 나와 처음에는 주로 연시조를 써왔지만 단시조로 자신의 시조관을 확립한 이호우 선생, 여성 특유의 감성으로 단시조의 품격을 살린 이영도 선생, 생애의 마지막 작품집을 단시조집으로 마감한 김상옥 선생 등이 대표적인 사례라 하겠다.

여하튼 지금은 다시 단시조가 주목의 대상이 되고 있다. 일본의 하이쿠와 같이 짧은 정형시가 세계적인 관심을 불러일으킨 사례에서도 알 수 있듯이 시조의 국제화 과정에서도 확고한 자리매김이 필요한 양식임에 틀림이 없다. 그런 점에서도 이번 김정수의 단시조에 대한 새로운 이해와 접근이 기대된다.

2.

이제 이번 시집의 첫 번째 독자로서 편집 순서대로 그의 생각을 따라가 보자. 그리고 비록 주관적이나마 독후감을 남김으로서 독자들에 대한 길라잡이가 되었으면 한다.

피릿재 아랫마을
아직 봄은 이른데

첫 달걸이 했나봐
개짐 씻는 가시나

덜 야문 꽃샘바람이
붉은 소문 부추기네

—「홍매」 전문

이 작품은 이른바 봄을 알리는 전령사와도 같은 붉은 매화를 보면서 세속적 감정을 투시한 소품이다. 초장부터 "피릿재 아랫마을"이라는 현장성을 확인해주었고 "아직 봄은 이른" 시기임도 밝혀놓았다. 이 초장이 규정하고 있는 것은 시간성과 현장성이다. 말하자면 즉흥적인 상상이 아니라 현장에서 관찰한 결과라는 점을 규정하고 있는 것이다. 그런데 거기에 다가오는 것이 홍매가 아니라 "첫 달걸이 했"을 것 같은 "개짐 씻는 가시나"인 것이다.

이 같은 표현이 의미하는 상황은 아직은 봄이 일러 꽃이 활짝 피지 못하고 붉은 기운만 감도는 정도이다. 그러기에 생리혈이 묻었을 개짐을 씻는 모습으로 형상화하였다. '피릿재 아랫마을'이라는 설정만으로도 짐작이 되는 작은 마을에 소녀가 자라서 달거리를 할

나이가 되었으니 금방 소문이 났음직도 하였으리라. 이러한 소문을 부추기는 주체는 어디가나 있기 마련인데 여기서는 꽃샘바람이 그 역할을 맡고 있다.

이른 봄날 작은 시골마을까지 놓치지 않고 봄은 찾아와서 홍매화 가지마다 붉게 물들였다. 세상에 봄이 온 것이다. 시인은 여기서 자연에 온 홍매의 봄만 본 것이 아니라 사람의 마음에 봄이 오고 소녀의 일생에도 봄이 왔다는 점에 주목하였다. 너무나 많이 다루는 진부한 소재임에도 불구하고 내밀한 상상력을 동원하여 전혀 다른 이미지의 홍매를 그려낸 발상이 돋보이는 작품이다.

허공에 걸어놓은 노스님의 은사 그물,

바람 한 올 걸리지 않은 석양을 배경으로

기러기 푸른 울음만 시나브로 걸린다

–「거미의 시간」 전문

그에 비해 이번 시조집의 표제로 올린 이 작품에서는 마치 선문답에서나 들을 법한 깊은 사유가 느껴진다. 아예 직유를 택하지 않고 심오한 은유를 택한 김정수의 신심을 짐작할 수 있는 대목이기도 하다. 일반적으로 대상물을 자체의 정체성으로 파악하지 않고 사람의 모습과 환치하여 감정을 이입, 형상화하는 방법은 흔히 초보적일 때 즐겨 쓰는 기법이다. 그러나 이처럼 고도의 메타포를 동원한 현학적 작업에도 유효적절하게 사용할 수가 있다.

짐작 그대로 여기에 등장하는 거미는 노스님이다. 아니 어쩌면 노스님이 거미인지도 모른다. 이미 그 같은 분별은 아무런 의미가 없다. "허공에 걸어놓은 노스님의 은사 그물", 이 초장에서 이미 선과 속, 시간과 공간의 경계를 지워놓았다. 아무리 은실로 만든 그물이라도 "바람 한 올 걸리지 않"고 날이 저문다. 날이 어두워지기 전에 거미의 먹이들은 보다 많은 먹이를 먹으려고 움직여야 하고 거미 또한 그 틈을 노려 열심히 거미줄을 치게 된다. 열심히 먹을 것을 구하려면 또 그만큼 위험이 도사리는 것이다.

그런데 "석양을 배경으로/ 기러기 푸른 울음만 시나

브로 걸"리는 것이 아닌가. 거미의 먹이도 아니고 또한 거미도 아닌 기러기, 그것도 푸른 울음만 걸린다고 했으니 가히 불심 깊은 무상법문이 아니면 어찌 이 같은 상상력에 닿을 수 있겠는가. 외형상 매우 짧은 이 단시조의 구조 안에 우주와 우주의 섭생이 죄다 들어 있는 것만 같다. 마치 조주선사의 선문답을 듣는 것처럼 회화성 짙은 장면들이 뇌리를 떠나지 않는 가편이다.

이따금 화물차만 쉬다가는 효자역에

할머니 등에 업혀 마중 나온 어린 손자

옥수수 베어 물고서 그새 잠이 들었다

–「옥수수」 전문

3.

김정수의 단시조들이 모두 선문답식의 은유성 짙은 작품들인 것은 아니다. 이 「옥수수」처럼 지극히 단편

적인 장면과 그 장면이 연출하는 삶의 교감에서 캡처된 경우도 적지 않다. 하지만 그런 현장묘사나 상황중계라 할지라도 단순히 외형전달을 위한 설명에 그치지 않는다는 점에 주목할 필요가 있다.

"이따금 화물차만 쉬다가는 효자역"과 "할머니 등에 업혀 마중 나온 어린 손자"는 한 시점에 놓인 정지화면 같이 짧은 순간이다. 너무도 흔하게 볼 수 있는 일상의 모습이라 어떻게 시적 감성으로 전개될지가 의문스러울 정도의 정황이다. 그런데 여기에 숨겨둔 반전이 있다. "옥수수 베어 물고서 그새 잠이 들'어 버린 모습을 놓치지 않았던 것이다. 얼마나 잠이 밀려왔으면 베어 문 옥수수를 넘기지도 못한 채 잠이 들었을까. 남의 일 같지 않은 이 한 장면에서 시인은 자신이 체험한 지난날의 애잔한 그리움을 발견한 것이다. 그리고 그 그리움을 불러일으킨 옥수수를 제목으로 정하였다. 왠지 상상만으로도 가난한 시간 속에서 서툴고 불안해하던 자신과 가장 친근했던 이름이었기 때문이다.

그런 이야기가 스며있는 사람살이의 정경은 그가 즐거이 다루는 소재 가운데 하나로 자리 잡고 있다.

팔십 생 지켜온 집
휠체어에 실어 두고

팔려가는 소처럼
이끌려 나서는 길

마당 가 시든 꽃상추,
물 잘 주라 당부한다

—「설 씨 노인, 요양원 가다」 전문

이 작품 또한 외형적으로는 정황묘사를 중심으로 한 일상적 장면의 전달에 초점이 맞추어져 있다. 자신의 모습을 거울을 통해야 확인할 수 있듯이 자신의 일상적인 모습 또한 다른 사람의 일상과 견주어 봄으로서 감지하게 된다. 따라서 삶의 적정성과 공정성을 확보하여 바람직한 일상을 유지하려면 되도록 타인의 경우에서 많은 비교 값을 구해야 마땅하다. 남의 처지와 경우를 도외시하고 자신만의 이기를 주장한다면 마치 거울을 보지 않고 진한 화장을 한 경우와 다르지 않을 것이다.

김 시인은 지금 “팔십 생 지켜온 집/ 휠체어에 실어 두고” 요양원에 가는 설 씨 노인을 만나게 되었다. 물론 다시는 돌아오지 못할 집을 ‘휠체어에 실어 두’었다는 표현에서 알 수 있듯이 그간에도 건강한 모습은 아니었다는 정황을 짐작할 수 있겠다. 마치 “팔려가는 소처럼/ 이끌려 나서는 길”에서 본 설 씨 노인의 마지막 모습이 가슴을 아프게 만든다. 그런데 그런 정황도 눈치 채지 못하였는지 “마당 가 시든 꽃상추,/ 물 잘 주라 당부”하다니, 당사자야 그렇다 하더라도 보는 이의 마음이 얼마나 저렸을까. 동병상련이라고 했던가. 김정수는 지금 설 씨 노인의 경우를 보면서 자신의 모습을 떠올리고 있는 지도 모르겠다.

반면 자연물마저도 사람살이의 한 주인공으로 끌어들여 일체화시킨 다음과 같은 경우도 있다.

밤마다 가슴 깊이
무채를 썰어가며

적막이 가득 넘친
마당가를 서성대다

찬 이슬 흠뻑 젖어서
새벽길 떠나는 이

—「그믐달」 전문

"밤마다 가슴 깊이/ 무채를 썰어가"는 자신과 「그믐달」이 하나로 자리매김된 경우이다. 그믐달은 새벽이 아니면 만날 수가 없다. 그러기에 밤을 꼬박 새운 시의 화자, 즉 김정수가 "적막이 가득 넘친/ 마당가를 서성대"었기 때문에 만날 수가 있었던 것이다. 그 마당가를 서성댄 이유는 한두 가지가 아니었을 것이다. 버리고 온 시간들에 대한 후회거나 지울 수 없는 사랑에 대한 애절함이거나 다가올 내일에 대한 조바심 등등 잠 못 이룰 일들이야 얼마나 많으랴. 더욱이 만물이 죄다 씨앗을 남긴 채 자신을 버리고 본디의 모습으로 돌아가는 가을이라면 더 말해 무엇 하겠는가. 기다린 보람도 없이 "찬 이슬 흠뻑 젖어서/ 새벽길 떠나는

이"를 만났으니 그런데 참담한 심정을 어찌 다 표현할 수 있을까. 이심전심이라는 말로 표현하면 이 정황이 설명될까.

이처럼 김정수의 세상의 거울을 통한 자기 들어다보기는 시간과 장소의 제약이 없다. 되도록 많은 잣대를 만들고 되도록 많은 몸부림을 치고서라도 자신을 비추어 볼 수 있는 곳에는 어김없이 몸과 마음을 풀어놓았다. 그리고는 지난 날 눈대중이나 어림수로 매겨왔던 감정가를 수정하려고 전전긍긍하는 모습이 역력하다.

4.

어느 장르를 막론하고 창작의 시작은 흉내 내기에서 비롯한다고 말할 수 있다. 언어든 문자든 흉내 내지 않고서는 원만한 구조와 체계를 확보할 수가 없다. 그림은 그림대로 대상물을 묘사하는 방법으로부터 개별성의 기초를 확립하고 문학은 문학대로 실상에서의 사례들을 차용하거나 모방하여 자기표현의 근간을 세우기 마련이다. 따라서 경륜이 짧은 사람일수록 자신의 시각을 자극한 대상에 대해 보다 차별화된 의미를

끄집어내려는 경향이 있다. 말하자면 시적 대상은 자신이 본 것과 겪은 것에서 벗어나기 어렵다는 뜻이다.

김정수 역시 아직은 시력詩歷이 풍부하지 않기 때문에 사물의 문자적 복제라 할 수 있을 만큼 재현에 치중하고 있다.

묘기나 하는 듯이
자맥질로 낚은 피리

파닥이는 잠깐 동안
하늘 한 번 쳐다보다

흐르는 붉은 노을에
삼킬 줄을 모른다

—「오리」 전문

이 작품은 강에서 먹이활동을 하고 있는 오리를 만나 잠시 사람의 감정을 절묘하게 이입한 소품의 그림이다. 짧은 영상 속에는 노을이 짙은 강에서 오리 한

마리가 "자맥질로 낚은 피리"를 물고 등장한다. 부리에 물려 있는 피라미가 "파닥이는 잠깐 동안/ 하늘 한번 처다보"는 여유까지 보여준다. 하지만 하늘은 노을이 붉게 물들어 있고 잡은 피리를 삼켜야 할 오리는 "삼킬 줄을 모른다". 그리고 거기서 영상은 끝이 났다.

아주 짧고 단순한 자연생태계의 한 모습이지만 그러나 여기엔 결코 짧지 않은 상징성이 담겨져 있다. 생태계의 한 일원인 오리가 먹이사슬 구조에 다른 피리를 잡아먹는 것은 지극히 정상적인 모습이다. 그런데 김정수는 그 일반적인 광경을 좀 다른 각도에서 주시한 것이다. 파닥거리는 피리의 몸부림이 뇌리에 박혀왔고 저물어 가는 시간이 노을로 다가와 오리로 하여금 차마 먹어치울 수 없게 붙잡고 싶은 연민이 작동하였기 때문이다. 그러므로 정작 피리를 물고 삼키지 못하는 것은 오리가 아니라 시인 자신인 것이다. 아마도 이는 김정수의 신앙, 즉 불심에서 우러나온 생명존중사상에서 비롯하지 않았나 생각된다.

속옷마저 곱게 벗고 맑게 씻은 가지 사이

구름도 찬바람도 무심히 지나는데

노을은 두 팔을 벌려 시린 등을 안아준다

—「나무와 노을」 전문

이 작품 역시 소품의 풍경 소묘이다. “속옷마저 곱게 벗고 맑게 씻은 가지 사이”라는 초장의 정황으로 보아 겨울 가운데서도 한 번쯤 눈비라도 지나간 다음 날 노을 앞에 선 나무를 클로즈업하고 있다. 지극히 단조로워 별다른 상상을 하기에도 조심스러울 정도다. 굳이 시적 요소를 찾아낸다면 “노을은 두 팔을 벌려 시린 등을 안아”주는 의인화된 기법 정도가 아니랴 싶다.

그러나 김정수의 시각에 포착되어 시적 동기로 안착된 까닭은 충분히 짐작할 수가 있겠다. 우선 시각적으로 이 장면의 중심에는 노을이 자리한다. 아침이라는 전제가 없는 한 여기서의 노을은 저물 무렵으로 유추할 수 있겠는데 노년에 접어든 시인의 심상과 오버랩되면서 고개가 끄덕여진다. 그리고 중장의 표현처럼

"구름도 찬바람도 무심히 지나"가는 절대고독의 시간을 감내하고 있는 나무에게서 자신을 보게 된다. "속옷마저 곱게 벗"은 나무의 형상이 어쩌면 고립무원이라고 느껴지는 자신과 흡사하지 않은가. 그러나 "노을은 두 팔을 벌려" 나무의 "시린 등을 안아"주고 있다. 이는 그야말로 위로받고 싶은 마음을 껴안아주는, 자연이 지닌 치유의 섭리에 올리는 나름의 경배敬拜가 아닐까 싶다.

이런 종류의 현상, 또는 현장읽기는 일관되게 지켜가는 그의 창작보법이다.

바람이 들고나는 지붕 없는 궐문 밖

돌 틈새 난간 잡고 해풍에 쓰러져가며

타는 목 이슬로 축여 소금 꽃을 피웠네

「대왕암 해국」이라는 제목이 붙여진 이 작품도 앞에서의 사례들과 궤를 같이하고 있다. 간절곶과 함께 우리나라에서 가장 해가 빨리 뜨는 곳이기도 한 대왕암은 울산의 동남단에서 동해 쪽으로 가장 뾰족하게 나온 부분의 끝 지점에 위치한다. 주변의 길게 펼쳐진 송림을 벗어나 마주 보이는 대왕암은 하늘로 용솟음치는 용의 모습을 하고 있다. 용이 승천하다가 떨어졌다 하여 일명 '용추암'이라고도 하는 이 바위는 신라 문무왕의 호국룡 전설에 덧붙여 이어지는 이야기가 있다. 왕의 뒤를 이어 세상을 떠난 문무대왕비가 남편처럼 동해의 호국룡이 되고자 이 바위로 바다에 잠겼다는 전설이 곧 그것이다.

이 작품은 그 대왕암으로 가는 길가에 핀 해국에서 시적 상상력을 찾아내었다. 호국룡이 되기 위하여 죽어서 스스로 바다에 수장된 임금과 왕비가 거처하는 대궐은 그러나 지상의 것처럼 지붕이 있을 리 없다. 그래서 거친 해풍이 무시로 드나드는 그 "궐문 밖"에서 거룩한 정신을 받들기 위하여 꽃으로 뿌리내린 해국이었기 때문이다. 그런데 실상은 "돌 틈새 난간 잡고 해풍에 쓰러져가"면서도 "타는 목 이슬로 축여 소금 꽃을 피"워 내는 것이 아닌가. 시인의 자신도 모르게 한 떨기 해국이 되어 나라를 지키기 위해 바다에 몸을 버린 대왕의 뜻에 감읍하고 있었던 것이다.

이런 각도로 사물을 대하면 예사로운 것이 하나도 없다. 아무리 하찮은 것이라도 나름의 쓰임새가 있고 그만의 존재가치가 있기 마련이다. 이렇게 사물에 감정을 이입하여 삶의 영역을 확장하고 사유의 폭을 넓혀간다는 것은 곧 자신의 미래에 다가올지도 모를 불확실성을 좁히는 일에 다름이 아니다. 시가 수천 년에 걸쳐 인류의 감성에 공생하며 삶을 견인하는 이유가 바로 여기에 있다.

5.

김정수가 이번 시조집에서 집중한 부분은 시조의 원형에 대한 바른 이해와 형식미가 지닌 독자성으로 보인다. 이는 아직은 비교적 신인인 그가 형식실험과 같은 모색보다는 천년에 걸친 시조장르의 자기검증에 무게를 실었다는 반증이기도 하다. 될 수 있는 한 3장 3행의 배행을 원칙으로 삼으려 했고 딱히 배행의 변화를 줄 경우라도 1장을 2행으로 나눈 3장 6행의 질서를 존중하였다.

이는 자유시와의 공생기간이 100년이 넘는 시조의 내일을 감안하더라도 결코 소홀히 할 수 없는 관심사다. 혹자는 인쇄문화의 효과적인 활용, 독자에 눈높이에 대한 배려, 시각적인 변화 등의 구실을 주장하면서 3장 6구의 시조 형식에 대한 시대착오적 궤변을 일삼기도 하지만 천년에 걸쳐 검증된 형식미학은 결코 공략의 대상이 될 수가 없다.

이번 김정수의 단시조에 대한 재음미는 앞으로 그가 보여줄 시조의 위상에도 영향을 끼치게 될 것이다. 비록 이번 시조집에서는 단순한 현장읽기를 통한 관찰력의 제고, 감정이입을 통한 물상에의 상상력 확장, 치환된 사물과의 감정교호를 통한 자아의 발견과 견성見性 모색 등 소재와 메시지의 한계를 보였지만 다시 한 번 자기점검을 거쳤다는 점에서 바람직한 선택이었다고 보인다.

청술레 꿈꾸었던 젊은 날 뒤로 하고

저문 날 유모차를 밀고 가는 할머니

산 넘다 머뭇거린 해, 안경 너머 바라본다

—「서산머리」전문

여기서도 그가 즐겨 선택하는 저물어가는 해와 마을회관 같은 데서 귀가하는 할머니가 주인공으로 등장한다. 이 작품의 2/3를 차지하는 초, 중장의 "청술레 꿈꾸었던 젊은 날 뒤로 하고/ 저문 날 유모차를 밀고 가는 할머니"는 결국 시인 자신이다. 더 많은 장면들을 보았을 것이고 더 다양한 상황들이 스쳐갔음에도 불구하고 그는 늘 자신의 모습에만 시선을 고정시켰다. 그랬다. '청술레'를 꿈꾸던 젊은 시절이야 누군들 없었겠느냐만 유모차의 몸을 의지한 채 귀가하는 할머니를 보면 측은하다 못해 한숨이 나온다. 얼마 멀지 않은 장래의 자기 모습이기 때문이다.

그런데 "산 넘다 머뭇거린 해, 안경 너머 바라본다"는 할머니의 행동에는 뭔가 석연찮은 데가 있다. 왜냐하면 정작 머뭇거린 것은 자신인데 "해"를 "산 넘다 머뭇거린" 것으로 묘사하고 있기 때문이다. 왜 이런 표현을 도입하였을까. 아마도 세월을 붙잡아 두고 싶었던 자신의 심경을 우회적으로 표현하였으리라. 그 잠시 머뭇거린 해를 "안경 너머 바라"보는 심경이 자신의 것이었기 때문이다.

그리고 또 한 가지 눈여겨 볼 부분은 '서산머리'라는 제목이다. 일반적으로 서산은 해가 지는 곳을 지칭하기도 하지만 불교에서의 서쪽은 서역정토의 약칭이기도 하다. 아미타불이 관장한다는 '무량광하며 무량수'한 극락세계의 또 다른 이름인 것이다. 독실한 불교신자인 김정수가 이를 모를 리가 없다. 복합적인 이미지를 조합하여 상승효과를 기대한 조치라 할 수 있다.

자신의 처지를 대변해줄 물상을 찾아 감성적 치환을 일궈낸 이 같은 종류의 작품들은 이 밖에도 흔하게 만날 수 있다. 이를테면 "부딪혀 쪼개지고/ 물살에 떠밀려와// 이름 없는 어느 냇가/ 이름 없이 누웠다가// 먼 하늘 어느 별에서/ 거문고 소리 듣네"라고 노래한 「돌」 같은 맥락으로 읽혀진다. 어려운 낱말이 하나도 없고 이미지전개에 전혀 거침이 없는 이 작품에서도 우리는 '돌'을 읽기보다 '김정수'를 읽게 되는 것이다. 왜냐하면 '이름 없는 어느 냇가/ 이름 없이 누웠다가// 먼 하늘 어느 별에서' 들려오는 '거문고 소리 듣'고 싶은 시인의 심경이라는 것을 느낄 수 있기 때문이다.

어둠도 무거워서
칸칸마다 비워둔 채

진흙길 걸어와도
티 하나 묻지 않아

바람에 향기 흔들며
그 누구를 기다리나
　―「연꽃」 전문

이번 시조집 전편을 관류하고 있는 상대 물상에서의 자아발견, 자기파악을 통한 일체화는 이 「연꽃」에서도 마찬가지다. 연꽃은 특히 불교에서 그 상징적인 모습을 빌어 극진하게 다루는 식물이다. 여러 가지 설화도 있고 주장들도 많지만 연꽃이 불교의 상징적인 꽃이 된 데에는 두 가지 중요한 의미가 있다. 첫째는 처염상정處染常淨, 즉 아무리 오염물에서 자라나도 잎이나 꽃에 그 오염물이 묻지 않은 청정함이 하나이고 둘째는 개화즉과開花卽果, 즉 꽃이 생겨나면서 그 속에 과

일도 동시에 맺히는 특징으로 처음부터 불성을 지니고 태어난다는 교리와 부합하기 때문이다. 밖에 있는 허물 때문에 내가 오염되는 것이 아니고 본성은 지니고 태어난다는 것이다.

이 작품에서는 연꽃을 보면서 그 가르침을 되뇌며 새기고 있을 뿐이다. "어둠도 무거워서/ 칸칸마다 비워둔 채"가 전하고자 하는 메시지는 무명에 허덕여온 자신에 대한 반성적 실천이겠고 "진흙길 걸어와도/ 티 하나 묻지 않아"는 바로 그 처염상정의 본성에 대한 자각이 되겠다. 살아오면서 지금껏 내게 가늠 지워진 갖가지 상처와 비난과 허물 모두를 바깥 환경의 탓이라고 치부하였지만 그 오만한 주장을 한 순간에 무너뜨리는 연꽃이야말로 견성과 진여를 일깨워주는 교과서가 아니었던가.

그 같은 절대의 기품과 상징과 존엄을 지녔음에도 "바람에 향기 흔들며/ 그 누구를 기다리"지 않으면 안 되는 것이 현실이 아닌가. 물론 여기서 그 기다리는 사람은 상대적 분별지에 흔들리지 않으며 이타행利他行의 실천자이며 무심무애한 상태에 이른 자를 말함이다. 소위 깨달음을 얻은 자, 지금까지의 모든 구습과

논리로부터 벗어난 사람을 지칭할 것이다. '그 누구'가 되고자 하는 염원이 '기다리나'라는 불가시적인 물음으로 여운을 남겨두었다. 결국은 자신이 그 누구였으면 하는 발원에 다름이 아니다.

6.

지금까지 김정수의 단시조집 『거미의 시간』에 실린 자화상을 감상하였다. 먼저 늦깎이로 문학의 길에 접어들어 여러 가지 조바심을 겪었음직한 데도 굳이 시조의 본령이자 원형이라 할 수 있는 단시조에 집중하여 새로운 출발선상에 서보겠다는 노력에 박수를 보낸다. 단시조는 결코 짧은 시조가 아니다. 시조의 구성요소를 전부 다 갖추었으되 크기를 줄인 함축시조이다. 따라서 현대와 같이 세분화되고 다양한 정보사회에서는 전문적인 특수조직 이외에는 이 같은 고농축 양태의 형이상학과 만나기란 쉽지가 않다.

하지만 역설적으로 생각해보면 문학이 보다 산문화되고 보다 설명적으로 흐르는 지금이야말로 생략된 상징성과 은유성 깊은 사유의 집적이 필요할 때인지도 모른다. 산문화일로로 치닫는 자유시 장르에서 극

서정시라는 짧은 시 쓰기가 이슈가 되는 것도 결코 우연은 아니다. 시조가 품어왔던 특유의 함축성과 상징성, 은유와 해학이야말로 오늘의 독자들에게 적확한 치유로 다가갈 수도 있을 것이다.

김정수의 이번 시집에서 주목해야 할 점은 모든 대상물을 통해서 자신의 현주소를 파악하고 있다는 점이다. 마치 거울을 들어다 보듯이 자신의 내면에 감춰진 본디 모습을 찾아내는 수단으로 상대 물상과 현장, 사건에 임하고 있다. 그리하여 찾아낸 자기 확인, 자기진단은 아마도 자기 치유를 위한 처방전 찾기에 원용할 수 있을 것이다. 이점 또한 시간적으로 불리한 그로서는 선택하기 어려운 결단이었을 것이다. 주로 전달하고자 하는 의도와 메시지를 중심으로 읽어본 결과지만 시조라는 형식에 대한 결곡한 믿음 또한 간과할 수 없는 대목이다. 창작에 임하면서 파격이나 파규와 같이 자기 행동에 지나치게 경도되어 장르의 역사성이나 미의식, 또는 독자와의 관계성을 저버리는 경우를 종종 보게 되는데 김정수의 경우 창작에 비쳐진 진정성이 지극히 일관되어 있다. 한 수도 정격 시조의 형태미를 훼손하거나 한 치의 흐트러짐도 보여

주지 않았다.

김정수 시인의 시조에 대한 열정은 추종을 불허할 만큼 남다르다. 그만큼 많이 쓰고 많이 고민하는 모양새다. 물론 그의 시조는 앞으로 더 많은 발전을 거듭할 것이다. 이번의 결심과 차별화된 시조공부가 밑거름이 되어서 탐스러운 꽃이 피고 튼실한 열매가 수확되어지기를 기대한다.